«¡El estilo y la sustancia de Tony nunca han sido mejores! De una manera absorbente, él nos guía más allá de lo normal hacia la potencial e ilimitada obra de Dios en nuestras vidas. Lea este libro, y tómelo personalmente».

Dr. Joseph Stowell

«Para las muchas condiciones difíciles, y al parecer incontestables, a las que las personas se enfrentan hoy en día, el Dr. Tony Evans en su manera inimitable de exposición excepcional y sabiduría perspicaz nos ilustra cómo Dios entrelaza su voluntad y su verdad a través de nuestras situaciones humanas para alcanzar su propósito fundamental en nuestras vidas».

Dr. E. K. Bailey, pastor principal de la Iglesia Bautista Misionera Concord, Dallas, Texas

«Tony Evans es uno de los grandes predicadores en Estados Unidos hoy en día. Cuando él habla o escribe, yo escucho, ¡y recomiendo que otros hagan lo mismo!»

Chuck Colson

«Dios le ha dado al Dr. Tony Evans una habilidad singular para hablar con franqueza acerca de la verdad. Con menos palabras que quizá nadie que yo conozca, él puede llegar al corazón de un asunto y ponerlo desde una perspectiva bíblica. *Dios hará algo grande* lo emocionará con su mensaje acerca del plan para su vida de nuestro sabio y soberano Padre celestial. Sobre todo si usted piensa que su pasado impide un futuro positivo, léalo. Le alentará y le ayudará a experimentar más del maravilloso amor de Dios».

FRANKLIN GRAHAM
PRESIDENTE Y DIRECTOR GENERAL DE
SAMARITAN´S PURSE [LA BOLSA DEL SAMARITANO]
Y DE LA ASOCIACIÓN EVANGELÍSTICA DE
BILLY GRAHAM

DIOS HARÁ ALGO GRANDE

DIOS
HARÁ ALGO
GRANDE

TONY EVANS

Publicado por
Editorial Unilit
Miami, Fl. 33172

© 2003 Editorial Unilit (Spanish translation)
Primera edición 2003
Primera edición 2012 (Serie Bolsillo)

© 2002 por Tony Evans.
Originalmente publicado en inglés con el título:
God is Up to Something Great por Tony Evans.
Publicado por *Multnomah Books*, un sello de
The Crown Publishing Group, una división de Random House, Inc.,
12265 Oracle Boulevard, Suite 200, Colorado Springs, CO 80921 USA
Publicado en español con permiso de Multnomah Books, un sello de
The Crown Publishing Group, una división de Random House, Inc.
(This translation published by arrangement with Multnomah Books,
an imprint of *The Crown Publishing Group*, a division of Random House, Inc.)

Todos los derechos de publicación con excepción del idioma inglés son contratados
exclusivamente por GLINT, P O Box 4060, Ontario, California 91761-1003,
USA.
(All non-English rights are contracted through: Gospel Literature International,
P O Box 4060, Ontario, CA 91761-1003, USA.)

Traducción: Rafael B. Cruz
Fotografía de la portada por: EyeWire y Corel

Las citas bíblicas se tomaron de *Dios Habla* Hoy, la Biblia en Versión Popular por
la Sociedad Bíblica Americana, Nueva York. Texto © Sociedades Bíblicas Unidas
1966, 1970, 1979.
Las citas bíblicas señaladas con LBLA se tomaron de la Santa Biblia, *La Biblia
de Las Américas*. © 1986 por The Lockman Foundation.
Usadas con permiso.

Producto 499121 • ISBN 0-7899-2004-2 • ISBN 978-0-7899-2004-1

Impreso en Colombia
Printed in Colombia

Categoría: Vida cristiana /Vida práctica /General
Category: Christian Living /Practical Life /General

Dedicatoria

Este libro está dedicado a esa persona
especial que necesita que los días
futuros sean mejores que los días pasados.

Contenido

CONTENIDO

Capítulo 1

LO BUENO, LO MALO Y LO FEO

HACE UNOS AÑOS, el submarino soviético Kursk se hundió en el mar de Barents. Cuando los buzos de rescate llegaron al submarino hundido, escucharon golpes de señales de auxilio (SOS) que venían del interior del submarino. La tripulación se preguntaba: ¿Hay alguna esperanza?

Como esos marineros, muchas personas hoy en día se sienten atrapadas en situaciones imposibles. Sienten que quieren golpear contra sus circunstancias y se hacen la misma pregunta: ¿Hay alguna esperanza?

¿Se siente así algunas veces, preguntándose cómo sus circunstancias pudieran quizá resolverse, cómo su vida pudiera llegar a significar algo?

Bueno, permítame decirle lo que yo sé que es cierto: *Dios hará algo grande.*

Es cierto. Él está planeando algo grandioso en la vida de cada persona. ¿Cree usted eso? ¿Siente que Dios está planeando algo grandioso en su vida? Que sus planes y sus propósitos para usted son algo más que sencillamente andar con dificultad a través de los días, preguntándose: *¿Hay en verdad alguna esperanza? ¿Tengo yo algún propósito?*

Este libro es para personas que sienten que ya no hay esperanza para ellas. Es para personas que han cometido grandes errores, que han visto cada rayo de sol convertirse en nubes de lluvia. Es para personas con sueños rotos y desilusiones persistentes; personas cuya esperanza y sentido de propósito, *a pesar* de sus mejores esfuerzos, han sido tirados al suelo. Es incluso para personas que han conocido el éxito pero todavía tienen huecos en sus corazones.

Y no todas las personas sin esperanza son también pobres. Si usted tiene dinero, quizá se lo está gastando en psicólogos, tratando de encontrar esperanza dentro de sí mismo. Tratando de eliminar el enojo, el temor y el pesimismo a través de manipulación mental y autoanálisis, como si vaciándose de lo malo, automáticamente pudiera llenarse de lo bueno.

Sin embargo, la esperanza no es la ausencia de la desesperación. Es la presencia de algo mucho mayor, algo que solo Dios puede dar. La esperanza no es pasiva; es la fuerza más activa en el mundo porque se deriva del Ser más poderoso de todos: La esperanza viene de Dios. Es real. Y nunca está a más de unos momentos de distancia. Con la esperanza viene el propósito. Ese es el mensaje de este libro: a través de todas las circunstancias en su vida, Dios hará algo grande.

Así que comencemos…

Yo dudo que Clint Eastwood jamás se dio cuenta que un personaje que él interpretó introduciría una frase al idioma que todavía estuviera siendo utilizada décadas más tarde. Pero de todos modos así lo hizo, a través de una película en la que participó en los años de 1960. Yo no vi *Lo bueno, lo malo y lo feo* cuando se estrenó, pero la vi en vídeo años después. Para ese tiempo el título le había dado a nuestra cultura una expresión que no ha desaparecido por cuarenta años.

Bueno, el título de la película me hizo pensar en un hombre que yo conocía que se acababa de graduar de la escuela de medicina. Él había tenido una beca completa, la cual pagaba todos sus gastos y le permitía estudiar veinticuatro horas al día. Desde mi punto de vista esto era «bueno» porque era algo positivo y provechoso que lo movía hacia delante en la vida.

Conocí a otro hombre que le habían dado una beca completa para estudiar ingeniería en otra universidad. Pero en lugar de estudiar y aprender, pasaba su tiempo tomando cerveza y holgazaneando. Él reprobó sus estudios. Eso era «malo» porque llevó desastre sobre sí mismo.

Conocí a un tercer hombre que había planeado ser cirujano. Pero un día una podadora de césped que él estaba utilizando explotó y quemó sus manos tan severamente que perdió varios de sus dedos. Y eso era «feo» porque su sueño murió a través de algo que no fue su culpa.

Mi pregunta es esta: ¿Qué tan a menudo ha utilizado los términos *bueno, malo y feo* para describir lo que ha sucedido en su vida? Todos nosotros pasamos a través de tiempos buenos, malos y absolutamente feos en algún momento.

Pero amigo, esa es solo la mitad de la historia, porque Dios está planeando algo grandioso a través de todo eso.

A través de su magnífica gracia, Dios puede tomar las experiencias buenas, las malas y las feas en su vida y utilizarlas a fin de hacerlo a usted increíblemente mejor para lo que Él lo ha creado, ¡cualquier cosa que eso sea! Y eso es lo que es tan asombroso acerca de Dios; Él puede tomar *todas* esas experiencias buenas, malas y feas y utilizarlas para su llamado. Esas son buenas nuevas, ¿no es así?

En la economía de Dios, todo es redimido y nada jamás se pierde. Él puede tomar las cosas buenas que recordamos con más cariño, las cosas malas que nos gustaría olvidar y las cosas feas que nos han moldeado a ser personas diferentes a como empezamos y utilizar *todas ellas* para facilitar Su propósito individual para cada uno de nosotros.

Incluyéndolo a usted.

Como Job dijo de Dios: «Yo sé que tú puedes hacer todas las cosas, y que ningún propósito tuyo puede ser estorbado» (42:2). Dios puede tomar y hacer cualquier cosa que Él quiera. Él puede *tomar* todo lo que usted es y *hacerlo* la persona que *mejor puede* ser.

Esta es una de las promesas más gloriosas en todo el cristianismo. Si Dios no pudiera moldearnos y quebrantarnos, si no pudiera sacarnos de las fauces del infierno y convertir vidas de desperdicio en vidas de testimonio; muchos de nosotros nos hubiéramos sofocado, ahogado, o reventado desde hace largo tiempo. Si Él no pudiera tomar nuestras

fortalezas y debilidades y nuestros errores y las
cosas malas que nos han sucedido y utilizarlas para
sus propósitos y para nuestro beneficio…

Bueno, de eso se trata este libro.

Porque Dios *puede* tomar los momentos buenos, los momentos malos y los momentos feos que
todos sufrimos, y utilizarlos para instruirnos, fortalecernos y refinarnos para sus propósitos santos.

¡Él puede!

Capítulo 2

DONDE NADA ES JAMÁS DESPERDICIADO

CUANDO YO ESTABA EN EL SEMINARIO, tomé un empleo en una estación de autobuses trabajando el turno de la noche.

Al poco tiempo de estar allí, me di cuenta de que algunos de los hombres con los que trabajaba estaban llevando a cabo una estafa ingeniosa casi todas las noches. Una hora después que uno de los participantes de esta estafa marcaba su hora de salida, otra persona marcaba su tarjeta como si hubiera entrado de nuevo, aunque él ya se había ido a su casa. Estos hombres tenían una rutina para rotar la persona a la que estaban «cubriendo» a fin de que todos pudieran inflar sus cheques.

Ellos trataron de involucrarme también a mí. Pero yo era cristiano, y dije que eso estaba mal. Y porque dije que no, su respuesta fue ponerme en algunos de los trabajos menos deseados, tales como vaciar y limpiar autobuses enteros yo solo.

Un día, como un mes y medio después de haber comenzado en el empleo, el gerente de la estación de autobuses me llamó a su oficina y me dijo que las personas de seguridad habían estado en la estación por la noche, observando el edificio y lo que estaba sucediendo.

Ellos notaron que yo no era parte de la estafa.

Como resultado, despidieron a esos hombres y me nombraron a *mí* el nuevo supervisor.

¿Qué quiero señalar? Pues, lo bueno que Dios había puesto en mí antes que todo ese lío con la compañía de autobuses comenzara fue utilizado de maneras sorprendentes. Cambiarme del puesto más bajo al más alto en esa estación de autobuses para mí pudiera haber parecido una tarea imposible, excepto que Dios me había dado de antemano experiencia de supervisión y de liderazgo antes que yo tomara ese empleo. Así que fue fácil.

Desde luego, muchas de mis habilidades de liderazgo se desarrollaron *después* que entregué mi corazón al Señor y me comprometí a servirle. ¿Pero qué sucede con lo bueno que Dios pone en nuestras vidas antes de ni siquiera conocerlo suficientemente bien para invocar su nombre?

UNA ELECCIÓN ASOMBROSA

Dios pone cosas buenas en nosotros cuando ni siquiera estamos prestando atención; Él sencillamente lo hace. Y eso es parte de lo que es tan asombroso acerca del apóstol Pablo, el que odiaba a Cristo y que se convirtió en el vocero principal para el cristianismo.

Después de la increíble conversión de Pablo, el Señor pudo haberlo hecho fácil para Sí mismo y sencillamente otorgarle a Pablo una larga lista de grandes habilidades, cualquier cosa que él necesitara para hacer lo que Dios tenía en mente. Pero en lugar de eso, Dios se extendió hacia el pasado a una parte de los antecedentes de Pablo que fue prácticamente formada *antes* que él se convirtiera en cristiano; y Él encontró algunas cosas muy útiles allí.

Esas eran cosas buenas tal y como definimos bueno al principio del libro: aquellas cosas que son provechosas, beneficiosas, que lo mantienen moviéndose hacia delante en la vida. Ellas le dieron a Pablo una verdadera ventaja cuando Dios finalmente comenzó a utilizarlo para exponer la fe cristiana. Y, al igual que puede ser el caso con usted, esas cualidades en Pablo no eran todas espirituales. También eran académicas, culturales y biológicas.

Estas cosas buenas en la vida de Pablo aparecen en su currículum vitae en Filipenses 3. Bueno, cada uno de nosotros ha ido a solicitar empleo, así que sabemos lo que significa presentar un currículum vitae. Un currículum incluye una lista de los empleos que usted *ha tenido* antes, y que usted en realidad ha tenido un empleo (¡un currículum sin ningún empleo en la lista no sirve de mucho!), y qué experiencia ha tenido.

También puede señalar cuestiones de carácter, tales como fidelidad. Pero quizá lo más importante, un currículum habla de su *potencial*. Enlaza las cosas y da la apariencia de continuidad, y algunas veces hasta de propósito, para su vida.

El currículum de Pablo es muy impresionante. Pero de nuevo, recuerde que este no es el currículum de Pablo *como cristiano*. Este es su currículum *antes* de su conversión, antes de que Dios lo tomara por las orejas y rehiciera todo acerca de él.

DERECHO DE JACTARSE

Pablo comienza su currículum diciéndoles a los filipenses: «Yo mismo podría confiar también en la carne. Si algún otro cree tener motivo para confiar en la carne, yo mucho más» (Filipenses 3:4). En otras palabras: «Nadie tiene más de qué jactarse que yo. Cuando se dan derechos de jactarse sobre la base de logros humanos *yo* soy el primero en la lista».

En efecto, Dios parece deleitarse en particular en obrar enormes milagros en las vidas de las personas que menos nos imaginamos, que es exactamente lo que hizo con Pablo. Como estoy seguro de que recordará, antes que Cristo se le apareciera a él en el camino a Damasco y cambiara su corazón, su mente y su ocupación, sin mencionar su nombre, Pablo estaba involucrado activamente en el negocio de matar cristianos.

Más que todo, Dios cambió en gran manera el espíritu de Pablo, de uno que negó a Cristo a uno que lo adoró y lo exaltó por el resto de su vida. Y en el proceso, Dios utilizó todas las cosas buenas que estaban en Pablo *antes que se convirtiera en cristiano* para fomentar su reino, aunque esas cosas buenas por sí mismas no eran suficientes. De la misma manera, Dios puede utilizar todas las cosas buenas que son ciertas acerca de usted una vez que se ha comprometido a Él como lo hizo Pablo.

Esto me lleva de nuevo a mi punto inicial acerca de Pablo. La mayoría de las personas interpreta Filipenses 3:4 como un ejemplo de la humildad de Pablo y su deseo de que otros sean humildes también. Y sin duda es así. Pero esa misma Escritura también demuestra algo más: Aunque Pablo parecía singularmente incompetente para trabajar para Dios a causa de su odio enorme contra los cristianos, detrás de toda esa basura aún era singularmente competente de muchas «buenas» maneras. Y esas fueron las maneras que Dios en definitiva utilizó. Pablo lo tenía todo, no había sido santificado todavía (separado para el uso de Dios). Dios quiere santificar esas cosas buenas en usted.

UN BUEN HOGAR

Mi propio comienzo humilde fue muy diferente al de Pablo. Yo nací y me crié en un barrio pobre del centro de Baltimore. Cuando tenía diez años de edad, mis padres no se llevaban bien y parecía que iban camino al divorcio. Pero entonces un día todo cambió: Alguien le testificó a mi padre y él aceptó a Cristo.

Al principio mi madre odiaba esa idea. A ella no le gustaba la vida que ellos llevaban cuando mi papá *no era* cristiano, y le gustaba aun menos ahora que lo *era*. Después de su conversión, mi padre desarrolló el hábito de levantarse a medianoche y orar para que Dios salvara a mi madre y a la familia. Esto sucedió por algún tiempo. Una noche mi madre bajó a la sala de estar en la que papá estaba orando.

Ella comenzó a llorar aun antes de llegar a la sala de estar. Cuando mi padre le preguntó qué sucedía, ella le dijo con lágrimas de angustia y un corazón desesperado: «Mientras más mal te trato mejor me tratas tú a mí, así que lo que tú tienes debe ser real. ¿Cómo puedo tenerlo yo también?».

Esa noche mi padre guió a mi madre a recibir a Cristo. No mucho después de eso, mis padres también guiaron a sus cuatro hijos a Cristo. Yo era el mayor. Fui salvo a los once años de edad, sentí el llamado a ser ministro cuando comenzaba mi adolescencia, y estaba totalmente orientado hacia el ministerio cuando tenía dieciocho años de edad.

Créame, ¡había un mundo de diferencia entre lo que ocurría en mi hogar *antes* que encontráramos al Señor y *después*!

Pero Pablo nunca experimentó esa clase de dicotomía de antes y después que ocurrió en mi hogar. Pablo fue criado en un hogar religioso, y sus padres seguían la ley estrictamente. Para ver a lo que me refiero, veamos lo que Pablo menciona acerca de sí mismo. Él dice que fue «circuncidado el octavo día» (Filipenses 3:5). En esa época, la circuncisión de Pablo representaba el compromiso profundo de su madre y de su padre a la ley del Antiguo Testamento. Significa que ellos eran devotos y que hicieron que obedeciera la ley desde una temprana edad, indicándole el camino judío correcto. Pablo estaba diciendo básicamente: «A mí me criaron bien, y mi crianza correcta comenzó a los ocho días de nacido».

Más adelante, Pablo dice que él era «del linaje de Israel» (v. 5). Él era parte de una raza que era bendecida de manera notable por Dios. «Yo soy de la nación de Israel; yo soy judío». En otras palabras, Pablo estaba orgulloso de su herencia judía porque él la consideraba una conexión directa con Dios.

Ahora bien, debido a todo lo que cambió Pablo después de su encuentro con Cristo en el camino a Damasco, usted pudiera decir que cuando él comenzó no parecía conocer mucho acerca de quién era realmente Dios. Pero ese no es mi objetivo. Dios resolvió los detalles para darle a este hombre una historia personal que cubría todas las situaciones. Y al hacer eso, Dios hizo a Pablo muchísimo más eficaz cuando fue enviado para decirles a otros acerca de Cristo.

¡SUPERJUDÍO!

Después, Pablo nos dice que él era «de la tribu de Benjamín» (v. 5). Él no solo pertenecía a la raza apropiada; él pertenecía a la *clase* apropiada de la raza apropiada.

En aquella época, si usted era parte de la tribu de Benjamín estaba viviendo en la abundancia.

La tribu de Benjamín tenía dos características fundamentales. Tenía solo dos tribus, de las cuales un remanente permaneció fiel a Dios a través de la historia de Israel. Esas dos tribus fueron Judá y Benjamín, las cuales conjuntamente formaron el reino del sur de Israel conocido como Judá.

También, cuando el pueblo de Israel iba a pelear, los benjamitas iban primero porque ellos eran los más valientes. Esa era su segunda característica fundamental.

Así que Pablo les está diciendo a los filipenses que él venía de buen linaje familiar y de buen linaje racial. Además, él también venía de la crema y nata de la raza misma. Él era un hebreo entre los hebreos. Eso significa que él era un superjudío. Pablo dice: «¡Yo soy un judío y estoy orgulloso de serlo! No solo soy un hebreo entre todos aquellos que son hebreos; yo soy el hebreo. Yo soy *el hombre por excelencia*».

LO QUE DIOS BUSCA

Para terminar su currículum vitae, Pablo dice: «en cuanto a la ley, fariseo» (v. 5). Esta distinción tenía que ver con la vocación de Pablo. Él era un líder del Sanedrín, el cuerpo dirigente en Israel. Las personas con las que él se relacionaba antes de su conversión eran políticos y científicos sociales, y también eran estudiantes de la ley.

Es por eso que cada vez que Pablo llegaba a una nueva ciudad, el primer lugar que visitaba era la sinagoga, a fin de enseñar y discutir con los líderes. Él se sentía a gusto con ellos porque sabía en qué se basaban; ¡él había sido uno de ellos anteriormente!

Así que Pablo tenía una posición de liderazgo en la sociedad como parte del resto de sus aptitudes. En realidad, en todos los aspectos importantes, sociales, académicas, religiosas, Pablo estaba conectado. Él había subido la escalera del éxito y estaba en la cima. ¡Y todo esto aun antes de conocer a Cristo!

Y, ¿qué tiene todo esto que ver con lo que Dios tenía en mente para Pablo? Bueno,

- cuando Dios buscó un hombre para ser uno de los primeros líderes en su iglesia…
- cuando Dios buscó un hombre para escribir la teología para su iglesia…
- cuando Dios buscó un hombre que pudiera debatir a los líderes religiosos que discutían en contra de su iglesia…

- cuando Dios buscó un hombre que pudiera promover la causa de Cristo en ámbitos académicos y sociales…
- cuando Dios buscó un hombre que pudiera ir hasta el césar, pero al igual hablar francamente a las personas que sufrían más…

… Dios encontró al hombre que ya tenía todas las aptitudes necesarias, y ese hombre era Pablo.

Pablo lo tenía todo; solo que no había sido consagrado para el uso de Dios. Así que Dios extendió su brazo, le dio a Pablo su experiencia en el camino a Damasco, entonces utilizó todas las cosas que ya estaban ahí.

¿CÓMO PUEDE DIOS UTILIZAR *SU* VIDA?

Esto es lo que sabemos que es cierto acerca de usted:

Aun antes que usted fuera salvo, Dios ya había reconocido todas las cosas buenas acerca de usted. Estas aptitudes incluyen todo en su formación: quiénes eran sus padres, de dónde vinieron, dónde recibió su educación, cuántos años estuvo en la escuela, los empleos que ha tenido, la experiencia que ha adquirido, el entrenamiento que ha recibido.

También incluyen cosas que Dios puso dentro de usted en el momento de su nacimiento, incluso esas cosas que algunas veces parecían obrar en contra de usted mientras estaba creciendo. ¿Se aferra a ideas como un perro buldog? Dios puede utilizar eso. ¿Le encanta estudiar a través de libros e investigar lo que Dios ha dicho? Él también puede utilizar eso. ¿Es rápido para confrontar, ansioso de enfrentarse al enemigo y escupirle en el rostro? Dios también puede utilizar eso.

Porque lo que Dios quiere hacer, o al menos lo que quiere tener la *opción* de hacer, una vez que usted se comprometa a Él como Pablo lo hizo, es santificar esas cosas que ya son parte de usted para que Él las pueda utilizar para promover su reino.

La pregunta es: ¿Cómo utilizará Dios las cosas buenas que han sucedido en su vida para promover su reino? ¿Cómo utilizará las cosas buenas que puso en usted desde antes que usted naciera para sus propósitos?

SERVIR DONDE DIOS NOS ENVÍA

Un buen amigo mío es pastor de una iglesia en la parte occidental de Dallas. Algunas personas en la iglesia de mi amigo comenzaron su propia escuela para los más pobres de los pobres. Pero ellos encontraron un problema mientras comenzaban a proceder con el proceso del desarrollo de la escuela: Nadie quería trabajar en esta escuela. Nadie quería enseñar allí.

La mayoría de los niños procedían de hogares donde solo estaba la madre o el padre, y muchos tenían problemas económicos que algunos de nosotros, tan mal como pudiéramos estar, no nos podríamos ni siquiera imaginar. Yo vi mucha pobreza cuando estaba creciendo en Baltimore, pero nada como lo que estos niños sufrían. Pienso que no necesito explicarlo en más detalle. Usted conoce la historia; para la mayoría de esos niños era indudablemente una mala situación.

Así que la escuela necesitaba un hombre íntegro, con un corazón íntegro para el ministerio que pudiera satisfacer estas necesidades especiales. La escuela necesitaba lo mejor porque tenía la peor de las situaciones en sus manos. Ellos necesitaban un director con los ojos de un vidente, pies que pudieran ir a cualquier parte del mundo y un corazón que se quebrara en dos por estos niños.

Así que llegó un hombre que tenía una carga por los niños. Tenía una pasión por ayudar a los niños pobres, pero no tenía entrenamiento como educador ni como administrador; ¡era un abogado! Él se había graduado de una de las principales escuelas de leyes.

Así que este hombre se había ofrecido pero no tenía el entrenamiento ni la educación para asumir una posición administrativa en la escuela. Pero a medida que las personas involucradas en comenzar la escuela profundizaron más en el proceso, lo cual envolvía comprar una propiedad de la ciudad y seguir una serie de regulaciones, se dieron cuenta que necesitaban consejo legal.

¿Puede adivinar quién ofreció ayudarles con los detalles legales que la escuela enfrentaba? Este caballero con un corazón por los niños dijo: «Bueno, yo puedo ayudar con los asuntos legales. Permítanme ofrecer mi tiempo como voluntario y utilizar el entrenamiento que Dios me ha permitido obtener para ayudarlos a comprar esta propiedad y conseguir todos los permisos que necesitan para convertirse en una escuela oficial. Yo me encargaré de los detalles legales».

Así que se involucró con las personas de la escuela, manejando los asuntos legales.

Pero, ¿quiere saber algo interesante? Hace unos días la escuela anunció que necesitaba un director y, curiosamente, a causa de todos los tramites legales que la ciudad estaba requiriendo para poder cumplir como es debido con el trabajo, ¡ellos necesitaban alguien con experiencia legal!

Este hombre devoto se enteró de la necesidad y lo pensó toda la noche. Al día siguiente se reunió con las personas a cargo y dijo: «No puedo quitarme este asunto de la mente. Si ustedes quieren un abogado que ama a los niños y que está dispuesto a hacer este trabajo, yo lo tomaré. Creo que Dios me está llamando a hacerlo».

Ellos lo contrataron, y él está sirviendo allí en este momento.

Estoy seguro de que él tiene una sonrisa en su rostro, pero si usted pudiera mirar dentro de él, le apuesto que vería una sonrisa aun más grande en su corazón. Quizá incluso un pequeño halo dorado. Porque este es un hombre que fue guiado por Dios a una situación para la cual Él lo había creado mucho antes que ese hombre supiera lo que Dios tenía en mente.

CON DIOS NO HAY DESPERDICIO

¡Dios no va a desperdiciar nada que Él pueda utilizar! Él no va a desperdiciar nada que él creó.

Pablo tenía todos los ingredientes básicos. Dios decidió utilizarlos, y eso era bueno. De la misma manera, el director de la nueva escuela tenía todos los ingredientes básicos para el propósito de Dios. Y, francamente, ninguno de esos hombres hubiera predicho cómo iban a suceder las cosas. Si usted se hubiera encontrado con cualquiera de los dos cuando tenían veinticinco años de edad y les preguntara qué tenía el futuro para ellos, estoy seguro de que las respuestas hubieran sido totalmente diferentes a lo que en realidad hicieron.

Vea usted, el principio es el mismo para todo el mundo, ya bien sea que Dios lo haya creado a usted para algo local o mundial, temporal o permanente, pequeño o grande, en secreto o a la vista de todos…

- Dios lo *prepara* a usted,
- Dios lo *sitúa*, y
- Dios lo *habilita* para hacer lo que él sabe que usted puede hacer con mayor eficacia.

Y casi siempre es algo que también lo hará a usted completamente feliz, aunque no siempre usted lo sepa con antelación.

Cuando me llamaron a la oficina del gerente de la compañía de autobuses esa mañana hace tantos años, yo no tenía idea que lo bueno en mí iba a ser utilizado desde ese momento. Antes de ese día, tenía un sentido horrible de temor acerca de cómo las acciones sin escrúpulos de esos empleados terminarían y quién sería afectado por todo el fraude.

Pero Dios me había *preparado* asegurándose de que yo hubiera tenido experiencia en puestos de liderazgo anteriormente. Él también me preparó enseñándome a diferenciar entre el bien y el mal, a través de padres que habían aprendido esa diferencia ellos mismos.

Él me había *situado* exactamente en el lugar y el momento apropiados para hacer aquello para lo cual Él me había preparado.

Él me había *habilitado* dándome la fortaleza para tomar una postura en contra del grupo.

Quizá usted se pueda identificar con esto, sintiendo inicialmente que está en el lugar equivocado en el momento equivocado, para entonces descubrir que Dios lo puso allí por una razón, a fin de utilizarlo para sus propósitos. ¿Está usted en una situación similar en este momento, preguntándose cómo va a seguir adelante, cómo encontrar una manera de salir del hoyo en que se encuentra, de cambiarlo para bien? Usted no es el único. Dios lo está moldeando y formando a través de esto, preparándolo, posicionándolo y habilitándolo para grandes cosas que usted ni siquiera puede imaginar.

Así es como Dios utiliza lo bueno en nosotros, tanto lo que Él ha puesto ahí como lo que Él nos ayuda a desarrollar. Es en realidad una dinámica sencilla: *Usted se prepara y Dios se ocupa*.

Capítulo 3

DE ERRORES A MILAGROS

UNA DE LAS COSAS GRANDIOSAS acerca de la gracia de Dios tiene que ver con errores y fracasos. Regresando a nuestras definiciones de *bueno, malo y feo*, los errores y fracasos son lo que pudiéramos llamar cosas malas. Y, sin embargo, ya bien haya cometido esos errores antes o después de ser cristiano, Dios puede tomar sus errores y convertirlos en milagros.

Pero no quiero que nadie me tome fuera de contexto. ¡Dios no aprueba el pecado intencional! Él no dice: «Está bien, vaya y cometa todos los errores que pueda para que yo tenga mucha materia prima con que trabajar. ¡Entonces puedo utilizarlo aun más!».

Por el contrario, Romanos 6:1 dice: «¿Qué diremos, entonces? ¿Continuaremos en pecado para que la gracia abunde?». No tenemos un tipo de licencia para pecar solo porque sabemos de la gracia de Dios. ¡De ningún modo! Y usted no puede engañar a Dios; Él requiere un arrepentimiento *genuino*, no un arrepentimiento condicional basado en una intención falsa. Usted no puede tomarle el pelo a Dios y manipular su bondad.

Sin embargo, la realidad es que Dios *puede* tomar los pecados de los cuales nos hemos arrepentido sinceramente y utilizarlos para hacernos mejores personas. Más importante, Él puede utilizar esos pecados a fin de capacitarnos mejor para hacer lo que Él quiere que hagamos. Y esas son buenas noticias.

Así que… ¿ha cometido *usted* alguna vez errores de los cuales se arrepiente?

Es una pregunta tonta, ¿no es así? No me haga esa pregunta, ¡o me tomará todo el día contestarla! *Desde luego, yo he cometido errores.*

Yo incluso he cometido errores en negocios en los que, en primer lugar, nunca debí haber estado involucrado, incluyendo al menos una inversión que acabó con el poco dinero que mi esposa Lois y yo habíamos ahorrado, en un momento en el que no podíamos estar haciendo nada insensato con nuestro dinero. Ese es todo el detalle que le voy a dar, excepto por un hecho adicional. Yo hice todo eso; firmé, invertí el dinero y lo perdí todo, totalmente en contra de los deseos de mi esposa.

Pero nos recobramos y mi esposa me perdonó. Y yo aprendí algo en el proceso. La idea es permitir que Dios utilice sus errores para *mejorarlo* a usted en lugar de permitir que el diablo los utilice para *destruirlo*.

¡EL SEÑOR A TODA VELOCIDAD!

Podemos hablar de muchas personas en la Biblia, pero el que yo elijo todo el tiempo es Pedro. Él es mi favorito porque siempre estaba hablando y siempre era muy franco en todo. ¿Recuerda? Pero también, he aquí un hombre que tenía una sola velocidad en su transmisión: superdirecta, a toda velocidad. Él no le permitía a nadie tener más energía que él; Pedro siempre estaba al frente, siempre dispuesto, siempre en medio de cualquier cosa que estaba sucediendo. Él es la clase de persona que usted quiere en su equipo cuando las cosas parecen estar difíciles.

Y, sin embargo, Pedro no siempre estaba a la altura de las circunstancias. Lucas 22 cuenta la historia de la Última Cena, después de la cual Jesús les habló a los discípulos por largo tiempo, sabiendo que esta sería su última oportunidad de hacer algunas observaciones que Él quería que ellos comprendieran antes de su crucifixión. Él también le habló directamente a Pedro. Jesús comienza diciendo: «Simón, Simón» (v. 31).

Bueno, el nombre completo de Pedro era Simón Pedro, así que las palabras de Jesús enseguida me sugieren algo. Cuando Dios llama su nombre dos veces, ¡usted sabe que está en problemas! Es eso, o bien Él está por decirle algo que usted no quiere escuchar. Es como cuando su mamá lo llama por su primer y segundo nombre: ¡usted sabe que ha hecho algo mal!

«Simón, Simón, mira que Satanás os ha reclamado para zarandearos como a trigo» (v. 31). En otras palabras, Jesús le está diciendo a Pedro: «Satanás ha venido a mí y me ha preguntado si puede tener acceso a ti». Pero eso no es todo lo que dijo Jesús: «pero yo he rogado por ti para que tu fe no falle» (v. 32). «Pedro, yo estoy orando que tú no me vas a abandonar». ¿No es eso un asombroso entendimiento? Aun cuando usted no está orando por sí mismo, Jesús está orando por usted.

Entonces Jesús continúa: «Y tú, una vez que hayas regresado, fortalece a tus hermanos» (v. 32). Cristo le está diciendo a Pedro que Satanás tiene algo planeado para él. Él incluso le dice a Pedro que a Satanás le será permitido llegar a él, al menos hasta cierto punto. «Una vez que hayas regresado» implica que Pedro será zarandeado pero regresará al Señor.

Pero a través de todo esto, Cristo estará orando por Pedro. Primero, Él orará que la fe de Pedro no falle. En segundo lugar, orará que sin importar lo que Pedro pudiera hacer en un momento de debilidad, una vez que su fe hubiera sido reafirmada, Él utilizaría esa experiencia para fortalecer a sus hermanos en Cristo.

DIOS SIEMPRE HACE LO INESPERADO

Cuando usted piensa en este encuentro, ¿no esperaría que Jesús dijera: «Oye, Pedro, vas a fallar en grande, hombre, así que tienes que encontrar un lugar donde esconderte»? ¡Pero eso no es lo que Él dice en modo alguno! Él dice: «Satanás viene por ti… pero yo estoy orando por ti. Y aunque tú me fallarás, cuando regreses al camino, yo quiero que hagas algo bueno de lo que ha ocurrido». Esa es la versión popular, pero eso es exactamente lo que Cristo le presentó a Pedro.

Si Cristo le hubiera dicho esto a uno de nosotros, estoy seguro de que hubiéramos apretado los dientes y habríamos dicho: «No, ¡eso no va a suceder! Yo no fallaré. Ahora que yo sé lo que viene en camino, ¡estaré preparado!».

Y eso es exactamente lo que dijo Pedro en el versículo 33: «Señor, estoy dispuesto a ir contigo tanto a la cárcel como a la muerte». En otras palabras, «Aquí no va a haber ningún fallo, Jesús. Yo soy tu hombre principal. Puedes despreocuparte y depender de mí. Yo no voy a fallar, ¿está bien? ¡Yo estoy tan comprometido que primero me muero antes de hacer algo mal!».

Pero Jesús sabía más que eso.

«Te digo, Pedro, que el gallo no cantará hoy hasta que tú hayas negado tres veces que me conoces» (v. 34). En otras palabras: «No solo vas a fallar, Pedro; vas a fallar antes de mañana en la mañana. Y vas a fallarme *tres veces separadas*. Pero, entonces, cuando te arrepientas y vuelvas al camino, yo todavía tendré un ministerio para ti. Y será un ministerio para el cual solo tú estarás capacitado».

Cristo tenía la intención de utilizar la experiencia singular de Pedro para fortalecer a sus hermanos cristianos; utilizar el fracaso de Pedro para producir cosas buenas.

NUNCA SUBESTIME A DIOS

Así que la pregunta es, si un fracaso temporal le ocurrió a Pedro, uno de los discípulos escogidos de Cristo, ¿cuánto más probable es que le ocurra a usted? Y cuando suceda, ¿qué cree usted que el Señor quiere lograr a través de ello?

En general, usted no escucha a muchas personas haciendo esa pregunta. En lugar de eso, escucha a personas decir cosas como: «No se involucren en líos» y «No pequen». Bueno, este es un buen consejo; Dios no quiere que pequemos. Pero yo creo que las personas debieran decir: «No se lance al pecado cuando sabe lo que es mejor. Pero cuando falle, como seguramente lo hará, permita que Dios utilice esos fracasos para su gloria».

Satanás quiere zarandearnos a usted y a mí como al trigo, al igual que zarandeó a Pedro, pero *Dios siempre tiene el control.* Dios tomó la llamada derrota de su Hijo en la cruz y la convirtió en la mayor derrota de Satanás en la historia del universo. Y Él tomó lo que parecía como un fracaso de Pedro, uno de los doce apóstoles escogidos por Jesús, y lo convirtió en toda una serie de triunfos de evangelización sobre Satanás más adelante.

Eso es lo que usted necesita recordar cuando las cosas están mal. *Dios puede tomar sus fracasos más monstruosos y convertirlos en triunfos que usted nunca se pudiera imaginar.*

Y una cosa más: no es probable que Dios piense que vale la pena que usted sea zarandeado si no está haciendo algo correcto en primer lugar. El zarandeo es una forma de purificación, de colar las impurezas y refinar lo restante. Eso significa que, en primer lugar, tiene que haber algo que valga la pena rescatar en usted.

Usted también pudiera verlo desde otro punto de vista: Satanás no se preocupa en molestar a sus amigos. Él no necesita en lo absoluto hostigar a aquellos que ya están de su parte.

De cualquier manera, es un honor ser probado porque usted está conectado directamente a Dios.

LA MAÑANA SIGUIENTE

Observemos el momento de fracaso de Pedro. Supongo que ya conoce esta historia muy bien, pero veámosla de nuevo.

Una sirvienta le dijo a Pedro: «Oiga, usted estaba con Jesús».

Pedro contestó: «¿Jesús? ¿Cuál Jesús? Yo no sé de lo que usted está hablando».

Entonces otra persona dijo: «¡Un momento…! Yo sé que usted estaba con Jesús porque usted fue el que le cortó la oreja a mi primo. ¡A mí no se me va a olvidar el que le cortó la oreja a mi primo!».

«Ya le dije, yo no sé quién es él».

Finalmente, otros individuos que estaban de pie alrededor del fuego, calentando sus manos, dijeron: «Sí, sí… usted es uno de los hombres que vimos con Jesús». Y por tercera vez, Pedro dijo: «Ya les dije, ¡no fui yo! Alguien va a salir golpeado aquí, porque ¡ya les dije que yo nunca estuve con él!».

¡Quiquiriquí!

Pedro se dio cuenta en ese instante que las palabras de Jesús de la noche anterior eran ciertas. «Y al instante, estando él todavía hablando, cantó un gallo» (Lucas 22:60). Y entonces, «el Señor se volvió y miró a Pedro. Y recordó Pedro la palabra del Señor, como le había dicho: "Antes que el gallo cante hoy, me negarás tres veces". Y saliendo fuera, lloró amargamente» (vv. 61-62).

Usted no ve fracaso mayor que este. No puede ser más del dominio público que negar al Señor en público.

Pero Jesús sabía con *anticipación* lo que Pedro haría. Sin embargo, Él no lo detuvo. Él solo le dijo: «Cuando entres en razón, serás útil de nuevo en mi reino».

Y sabemos por las Escrituras que eso es lo que sucedió.

¿Comprende lo que está sucediendo aquí? ¿Comprende que Dios puede tomar lo malo, cuando se arrepiente de ello, y hacerlo a usted más útil? Eso no excusa lo malo y, realmente, no elimina las consecuencias.

Pero sí significa que Dios es mayor que nuestros fracasos humanos.

Jesús está *siempre* más dispuesto a perdonar que lo que usted está dispuesto a confesar. Los edificios se desmoronan, se derrumban y dejan un desastre. Pero una de las maravillas mayores de su vida cristiana es que Jesucristo puede tomar los escombros que dejan esos desastres, esos horribles desperdicios inútiles, y construir algo totalmente nuevo. Y bello.

Pedro prometió nunca negar a Jesús, pero cuando el gallo cantó, ya lo había hecho tres veces. ¿Cuándo canta el gallo? Temprano en la mañana, ¿no es así? Así que eso significa que el gallo cantó al comienzo de un nuevo día. Cuando él canta después de una noche de fracaso, eso significa que el sol acaba de salir. Uno de mis amigos dice: «Cada vez que llego a la medianoche, Dios me da otro día». En el caso de Pedro, ese «otro día» amaneció después de la noche de su mayor fracaso; pero Dios lo bendijo con un nuevo día para hacer lo correcto, para arrepentirse de su pecado, y para seguir adelante a causa de ese pecado y hacer cosas más grandes para el Señor.

EL FRACASO TRANSFORMADO

Chuck Colson estuvo involucrado en la conspiración de Watergate que ocurrió durante los años setenta. Él era el que hacía las tareas sucias para Richard Nixon y estuvo muy involucrado en muchas cosas ilegales, por lo cual finalmente fue a la cárcel. Pero a través de una serie de acontecimientos que él no tenía ninguna idea de que iban a suceder, él se encontró cara a cara con Jesucristo y fue gloriosamente transformado.

Después de cumplir su tiempo en la cárcel, le fue dada una carga por otros prisioneros; hombres y mujeres que él nunca hubiera conocido a no ser por su propio pecado. Prisioneros de todo el mundo han sido salvos por millares a través de una organización llamada *Prison Fellowship* [Compañerismo en las Cárceles] que Chuck Colson comenzó.

Dios tomó lo malo en la vida de Colson y lo cambió por completo.

Pero de nuevo, permítame clarificar algo. ¡Dios no quería que Chuck Colson fuera a la cárcel! Esa no fue idea de Dios; Él no estaba feliz de ver a ese hombre violar la ley y caer en pecado. Pero cuando ocurrió, Dios tomó el fracaso de Chuck Colson y lo convirtió en una bendición para muchas otras personas. Él lo cambió completamente.

DIOS NO ES UNA PERSONA FÁCIL DE CONVENCER

Después de su pecado con Betsabé y de su arrepentimiento, David dijo: «Restitúyeme el gozo de tu salvación, y sostenme con un espíritu de poder. Entonces enseñaré a los transgresores tus caminos, y los pecadores se convertirán a ti» (Salmo 51:12-13).

Lo diré de nuevo: Eso no significa que el pecado de David de alguna forma fue productivo en una manera honorable y, por lo tanto, estaba bien con Dios. Usted no puede jugar con Dios. No puede timarlo ni puede acorralarlo. Usted no puede decir: «Bueno, ya que la mejor manera de saber cómo funciona el pecado es salirse del camino, ¡déjeme salirme lo más lejos posible para así aprender lo máximo! No, Dios nunca quiere que usted peque, pero Él sabe que lo hará y le ofrece esperanza a pesar de ese pecado. Pero después del fracaso de David y después que Dios lo restauró a tener una relación con Él, David siguió adelante enseñando a otros acerca de los caminos de Dios.

Lo que es asombroso es que la gracia de Dios tiene un alcance tan grande y es tan profunda que *Él puede utilizar los fracasos de usted.*

MILAGROS APLICADOS

Por tanto, ¿qué significa eso para usted, en este preciso momento? Significa que debe buscar la misericordia de Dios. Dele a Él sus limones y permita que Él haga limonada. Dele las cosas en su vida que no son tan buenas, todo aquello de lo que no está orgulloso, y diga: «Señor, aquí están. Yo desearía que mi vida fuera diferente, pero no lo es. Desearía poder cambiarla, pero no puedo».

Y entonces permita que Dios comience a obrar.

Entréguele su desastre a Dios. Dígale: «Si tu gracia puede meterse aquí y ajustar y cambiar este desastre, yo estoy disponible para que tú me utilices para algo mejor. Reconozco que es *mi* desastre, *mi* culpa, pero te lo doy a ti para que hagas lo que tú desees con él».

Lo he dicho antes y lo diré de nuevo: Si permitimos que él obre, Dios no desperdicia nada. Y si le da una oportunidad, Él no lo desperdiciará a usted; Él está planeando algo grandioso en su vida.

Capítulo 4

DIOS TIENE UNA IDEA MEJOR

YO ME CRIÉ EN MARYLAND, uno de los pocos estados del este de Estados Unidos que todavía ofrecía juegos de boliche miniatura en aquel tiempo. El juego de boliche miniatura es similar al juego de boliche normal, excepto que las bolas son como de doce centímetros y medio de diámetro y los bolos solo tienen veintitrés a veinticinco centímetros de altura. La bolera en sí es similar a una bolera normal.

En aquellos días, las máquinas que paran los bolos automáticamente no eran tan fiables como

lo son hoy en día, y a menudo les faltaban uno
o dos bolos cuando los paraban de nuevo. Así
que siempre había un hombre detrás, sentado en
un banco alto que estaba empotrado en la pared
detrás del carril, y él saltaba y paraba cualquier
bolo que la máquina había dejado sin parar.

Pero nunca nadie vio su rostro. Si su propio
hermano trabajaba allí, usted no lo podía probar
por lo que podía observar, a no ser que él usara
zapatos de neón que nadie más tuviera. Todo lo
que cualquiera veía desde el frente eran piernas,
pies y algunas veces manos.

En muchas ocasiones, Dios es así. Cuando
los bolos en su vida están siendo derribados por
todas partes, usted no siempre lo puede ver a
Él en el fondo, pero de todos modos, Él está
ahí, parándolos de nuevo, esperando a que usted
haga rodar la bola otra vez.

La manera en que Él obra constantemente
en el fondo también se aplica a todas las cosas
singulares que lo hacen a usted diferente a
cualquier otra persona, las cosas que a menudo
parecen ser las más difíciles para que Dios las
utilice.

Esas son las cosas que llamamos «feas». Las
cosas negativas que le han sucedido, sobre las que
no tenía control, y que han dejado una mancha

indeleble en su vida. Si la gracia de Dios no estuviera disponible, esas cosas feas serían como grafito que no se puede lavar, estarían escritas en su alma con pintura permanente. Pero como siempre, Dios está en control, buscando maneras aun cuando usted no lo puede ver obrando en lo absoluto.

UNO DE LOS MÁS FEOS

Veamos un ejemplo de cómo Dios obra a menudo, con tanta tranquilidad que usted no puede verlo o escucharlo en lo absoluto en el fondo. La cuarta parte del libro de Génesis está dedicada a un hombre joven llamado José. ¿Quiere usted hablar de algo que no es justo? Lo que le sucedió a José *no era justo* de ninguna manera que usted lo vea. Pero Dios hizo algunas cosas increíbles a través de ese hombre, a las cuales llegaremos en un momento.

José nació en lo que llamaríamos una familia disfuncional, ¿está de acuerdo? No tenemos espacio aquí para ir a través de todos los detalles de la vida de José; puede leer toda la historia en Génesis, comenzando en el capítulo 37. Pero créame, ¡José vino de una familia disfuncional!

Jacob, el padre de José era un engañador, un embustero desde que era un niño pequeño.

Él estaba planeando siempre un engaño. Conspirando con su madre, Jacob timó a su propio hermano, Esaú, y le robó su derecho de primogenitura engañando a su padre. Y esto fue en una época donde el derecho de primogenitura de una persona significaba prácticamente todo para la siguiente generación. La bendición oficial de un padre, que por tradición siempre era para el primer hijo varón, llevaba consigo enormes derechos de jactancia, sin mencionar la herencia de propiedad que iba con ello.

Así que aquí tenemos a la madre de Jacob obrando contra su propio esposo para engañarlo a fin de que le diera el derecho de primogenitura al hijo equivocado, el hijo menor. Jacob aprendió de su madre y aprendió bien. Él entendió esto a muy temprana edad, y se hizo hábil en hacerlo. Y mucho de su vida involucró un tipo de estafa tras otro. Pero finalmente sentó cabeza y tuvo una familia, José siendo el undécimo hijo.

Así que José tenía diez hermanos mayores, y permítame decirle que ¡esos hermanos eran tremendos! Algunos de ellos eran asesinos; mataban a alguien tan fácilmente como verlo. Uno tuvo un amorío con la concubina de su padre. Otro tuvo relaciones sexuales con su nuera, confundiéndola con una prostituta. Quiero decirle, toda clase de locuras.

«¡PAPÁ TE AMA MÁS A TI!»

José nunca pidió nacer en una familia como esa. Él no tuvo opción. Así que, ¿cómo lo manejó? ¿Cómo procesó él esas circunstancias feas, cosas *feas*, que irrumpieron en su vida, cada una de ellas tan fea como cualquier cosa que jamás nos pudiera suceder a usted y a mí?

Bueno, José triunfó finalmente porque él servía a Dios a pesar de todo lo que le habían hecho. Él no era perfecto en todo momento, pero actuaba lo mejor que podía con la habilidad que Dios le había dado.

La historia de José comenzó con un acontecimiento específico que ocurrió cuando él todavía era un niño. Génesis 37:3 dice: «Y amaba Israel [Jacob] a José más que a todos sus hijos, porque era para él el hijo de su vejez; y le hizo una túnica de muchos colores». José quizá había sido el hijo favorito de Jacob desde el día que nació. Así que cuando Jacob mostró su preferencia al darle a José una túnica elegante, casi llevó a sus hermanos, que ya estaban celosos y enojados, más allá de lo que podían soportar.

Los diez hermanos mayores de José ya habían visto que su padre amaba a José más de lo que amaba a ninguno de ellos. Y ellos odiaban a José mucho más y «no podían hablarle amistosamente» (v. 4). Eso se llama rivalidad entre hermanos,

causada en este caso por el favoritismo mostrado
por el padre. Y era un caso grave de rivalidad entre hermanos en esta familia, peleando no solo
acerca de a quién le toca jugar con el juguete, sino
una lucha a muerte.

Para empeorar las cosas, el pequeño José
parecía no darse cuenta de este rencor entre sus
hermanos. No solo informó de sus hermanos por
hacer un mal trabajo en el campo; también tuvo
un sueño en el cual todos sus hermanos estaban
atando gavillas en el campo, y él sencillamente
insistió en decirles acerca del sueño: «Os ruego
que escuchéis este sueño que he tenido. He aquí,
estábamos atando gavillas en medio del campo, y
he aquí que mi gavilla se levantó y se puso derecha,
y entonces vuestras gavillas se ponían alrededor y
se inclinaban hacia mi gavilla» (vv. 6-7).

¡Esta no era una buena historia para contarles
a personas que ya le odiaban! Los sueños de José,
combinados con el regalo de su padre de la túnica
de muchos colores y el tratamiento desigual
que había estado ocurriendo antes, provocaron
finalmente que el celo de sus hermanos se elevara
hasta un nivel crítico.

Y eso los llevó a un plan para matar a José.

Ahora bien, las cosas tienen que estar muy
malas si sus propios hermanos quieren matarlo.
Pero aun entonces, Dios estaba en control de todo.

Rubén, uno de los otros hijos de Jacob, sintió lástima de José y convenció al grupo que echaran a José en un pozo en lugar de matarlo ellos mismos. El pozo no tenía agua, así que de todos modos José probablemente se moriría de sed o de frío, lo cual les pareció bien a los otros hermanos. Pero Rubén tenía planeado regresar al pozo y rescatar a José tan pronto como sus otros hermanos se fueran.

Pero Rubén nunca tuvo la oportunidad de consumar su plan, aunque su intervención salvó la vida de José. Mientras sus hermanos estaban comiendo (¿se puede usted imaginar abriendo las galletas dulces mientras su propio hermano está atrapado en un pozo a solo unos pocos metros de distancia?), una caravana de mercaderes madianitas pasó por allí, en camino a Egipto. De repente, los hermanos vieron una mejor manera de deshacerse de José sin tener su sangre en sus manos, al menos en el sentido literal. También vieron una oportunidad de ganar algo de dinero en el asunto. Así que sacaron a José del pozo y lo vendieron a los mercaderes por veinte piezas de plata.

HABLEMOS DE SANGRE FRÍA

Ahora eso es frío; no tan frío como matarlo al instante, pero todavía es a sangre fría. Los propios hermanos de José lo vendieron como esclavo, a causa de celo, porque su padre lo prefería a él por encima de ellos. Aquí tenemos unos antecedentes familiares en verdad malos, totalmente lo opuesto de los de Pablo, pero Dios utilizó toda esta situación de una manera poderosa.

Muchos de ustedes también vienen de malos antecedentes familiares. Y muchos están sufriendo dolor ahora a causa de cómo fue mamá, cómo fue papá, cómo fueron sus hermanos y hermanas. Y muchos aún están soportando ese dolor. Quizá maltrato de parte de un padre. Quizá abandono. Quizá rechazo.

En mis años como pastor, he escuchado todas las historias que usted se pueda imaginar acerca del rechazo y el abuso. Quizá algunas historias que *no se pudiera imaginar*. Pero de todas las cosas terribles que he escuchado, de todas las cosas espantosas que me he encontrado, creo que el abuso sexual de los niños es el más doloroso, no solo por los horribles efectos que esta clase de abuso causa a menudo en las víctimas, sino también por el castigo que Dios ha prometido: «Pero al que haga tropezar a uno de estos pequeñitos que creen en mí, mejor le sería que le colgaran al cuello una piedra de molino de las que mueve un asno, y que se ahogara en lo profundo del mar» (Mateo 18:6).

Yo conozco una señora que fue abusada horriblemente cuando era niña y ella pudo, con la ayuda de Dios, entregar esas espantosas experiencias feas a Él. A cambio de eso, Dios sanó su espíritu y le dio una afinidad increíble por otros niños. De la horrible desolación de esa experiencia, Dios llamó a esta mujer para trabajar con los niños, lo cual ha estado haciendo por muchos años.

Desde luego, ese no fue el tipo de abuso que José soportó, pero de todos modos, él recibió un trato terrible. ¿Qué puede ser peor que haber sido vendido como esclavo, como nada, como un don nadie? ¡Y por su propia familia! Hablando de un problema de autoestima, eso pudiera crear un verdadero problema de autoestima. *Yo debo ser un don nadie*, quizá pensó José. ¿Qué otra cosa pudiera la mayoría de la gente pensar? En una sola tarde, José pasó de ser el hijo favorito a ser un esclavo.

Para borrar sus huellas, los hermanos pusieron sangre de un animal sobre toda la túnica de José, la túnica de muchos colores que Jacob le había dado, y se la llevaron a Jacob, el cual inmediatamente estuvo de duelo, dando por sentado que su hijo favorito había sido despedazado por una bestia salvaje.

Mientras tanto, cuando José llegó a Egipto, los madianitas lo vendieron como esclavo a la casa de un hombre llamado Potifar, uno de los oficiales de mayor rango de Faraón, el capitán de su guardia. Así que José fue traicionado por sus propios hermanos y vendido como esclavo. Aun así, Génesis nos dice que *el Señor estaba con José*:

> Y sucedió que desde el tiempo que [Potifar] lo hizo mayordomo sobre su casa y sobre todo lo que poseía, el SEÑOR bendijo la casa del egipcio por causa de José; y la bendición del SEÑOR estaba sobre todo lo que poseía en la casa y en el campo. (Génesis 39:5)

NO IMPORTA QUÉ TAN FEO SEA EL DOLOR...

¿Ve usted las buenas nuevas en este pasaje? He aquí la primera parte: *No importa cuáles sean sus antecedentes o qué tan profundo sea el dolor por el que ha estado pasando, el Señor estará con usted.*

Dios puede tomar ese rechazo, ese dolor, esas heridas, todas esas dificultades sicológicas, sin importar con qué nombre raro las pudiera llamar, y aún hacer algo con ellas en su vida, no importa qué tan feo pudiera ser todo el desastre.

No importa si todas esas cosas son por una causa disfuncional en su familia, por los pecados de otras personas, o por cualquier otra cosa que básicamente no es su culpa. Eso lo califica como feo, pero Dios lo puede hacer bueno. Y he aquí su prueba: Dios estaba con José, que estaba en una situación peor que la que la mayoría de nosotros jamás tendrá que soportar y, sin embargo, Dios lo bendijo.

Usted quizá conozca la siguiente parte de la historia. La esposa de Potifar comenzó a desear a José. La Biblia nos dice por qué le gustaba: Él «era de gallarda figura y de hermoso parecer» (39:6). Él tenía *buena* apariencia. En realidad no sabemos si él hacía ejercicio en el gimnasio local diariamente; quizá el trabajo duro hacía tanto por su cuerpo físico como dos horas al día en un gimnasio. Todo lo que sabemos es que el muchacho era buen mozo.

Y la esposa de Potifar no estaba ciega. Ella le hizo una proposición sexual a José, tan audaz como puede una persona: «¡Acuéstate conmigo!».

La respuesta de José no era lo que ella esperaba.

Pero él rehusó y dijo a la mujer de su amo: Estando yo aquí, mi amo no se preocupa de nada en la casa, y ha puesto en mi mano todo lo que posee. No hay nadie más grande que yo en esta casa, y nada me ha rehusado, excepto a ti, pues tú eres su mujer. ¿Cómo entonces iba yo a hacer esta gran maldad y pecar contra Dios? (39:8-9)

Vale la pena repetir esa última frase: «¿Cómo entonces iba yo a hacer esta gran maldad y pecar contra Dios?». ¡Eso es otro libro por sí solo! Pero la esposa de Potifar no se dio por vencida. Un día ella agarró a José por su túnica y trató de llevarlo a la cama. En lugar de eso, él se salió de la túnica y corrió hacia la puerta. Pero más tarde ese día, ella lo acusó con falsedad frente a su esposo, y Potifar echó a José en la cárcel. Él fue a la cárcel a causa de una mentira muy, muy fea.

DIOS TIENE UNA IDEA MEJOR

Sabe usted, es bastante malo que su familia le haya hecho daño cuando era niño, pero ahora José había crecido ¡y ni siquiera podía ir a trabajar y hacer un buen trabajo sin tener a la esposa del jefe actuando en contra de él! Ahora él estaba en la cárcel, y el hombre no había hecho nada malo.

En realidad, José hizo lo *correcto* cuando él rechazó a la esposa de Potifar y preguntó cómo podía él hacer tal cosa y pecar contra Dios. Pero por un tiempo, hacer lo correcto no parecía hacerle ningún bien a José, una experiencia que no es muy rara. Algunas veces, a corto plazo, hacer lo correcto puede costarle a usted mucho de diferentes maneras.

Puedo decirle por mi experiencia en la compañía de autobuses que hacer lo debido me costó al momento. Cuando rehusé participar en el fraude del tiempo de trabajo, dolió, me costó los llamados amigos, me costó tiempo, y me causó mucha preocupación. También tuve que trabajar mucho más duro que nadie. Mis compañeros de trabajo amontonaban el trabajo y lo dejaban para que yo lo hiciera solo. También tuve que soportar muchos comentarios groseros y aun algunos enfrentamientos que me dejaron sintiéndome muy abatido. Pero durante ese tiempo, *el Señor estaba conmigo, al igual que él estaba con José.*

Por mi trabajo como pastor, yo también sé que la mayoría de ustedes pudieran contarme historias similares. En alguna ocasión todo el mundo sufre dolor por elegir hacer lo correcto. ¡Pero Dios siempre tiene algo mejor en mente! Y, además, ¿quién dijo que la vida siempre sería justa a corto plazo? Muchas veces es en esos momentos en los que verdaderamente necesita permanecer firme.

Pero el Señor siempre está con nosotros; él nunca permite que vayamos mucho más allá de lo que podemos manejar. Algunas veces, sin embargo, pasamos a través de tiempos difíciles para que podamos salir por el otro extremo mucho más fuertes que nunca. *Dios siempre tiene algo mejor en mente.*

Capítulo 5

¿QUÉ ES
LO QUE NO
ES JUSTO?

TERMINAMOS EL CAPÍTULO ANTERIOR observando a José en una situación que era totalmente injusta. Cuando usted piensa en eso, sin embargo, la situación de José quizá no es *tan* fuera de lo común. ¿A alguien más le han mentido? ¿Le han timado en algo? ¿Han hablado acerca de usted a sus espaldas? Si le ha sucedido; y a *todos* nos ha sucedido; entonces sabe por lo que José estaba pasando.

Sin embargo, ¿sabe algo? Exactamente como usted lo esperaría, mientras José estaba en la cárcel,

el Señor aún estaba con él (véase Génesis 39:21-23).
Y en corto tiempo, a medida que el Señor le daba
favor a José ante los ojos del carcelero, lo pusieron
a cargo de todos los prisioneros y todo lo que se
hacía en esa prisión.

Hoy en día pudiéramos llamar a esa posición
la de un preso a quien conceden privilegios especiales por su buena conducta, pero la Biblia no
nos da un nombre específico para el nuevo trabajo de José. Solo dice que él era tan confiable que
el carcelero no prestaba atención a nada de lo que
él hacía. José confiaba en el Señor, y a causa de
que Dios estaba con él y le daba favor, el carcelero
confiaba en José.

Poco después, otros dos hombres muy importantes, que se habían metido en problemas con
Faraón, llegaron y los pusieron bajo el cuidado de
José. El rey de Egipto, el Faraón, estaba furioso
con esos dos oficiales, el copero principal (como
un mayordomo) y el panadero principal, porque
ellos lo habían ofendido. Así que los echó a la
cárcel, y ellos terminaron bajo la autoridad de
José (véase Génesis 40:1-4).

LAS PREGUNTAS
APROPIADAS

Cuando las cosas se ponen feas, la pregunta que
usted debe hacer no es: «¿Por qué estoy pasando

por esto?», sino «Señor, ¿cómo quieres tú usar esta fealdad para moverme adelante para tus propósitos?». Es importante hacer la pregunta apropiada porque si no, se sentirá frustrado. Usted no puede permitirse tomar el enfoque de «¡No es justo!» en lugar de «Señor, ¡debes estar planeando algo grandioso!». Confíe en mí, cuando usted comienza a hacer las preguntas correctas, las respuestas serán mucho más fáciles de encontrar.

Permítame contarle acerca de un momento en el cual yo me enojé con el Señor y después tomé algún tiempo antes de hacer las preguntas apropiadas. Es cierto, ¡yo estaba *enojado*! No suficientemente enojado como para patear llantas o romper ventanas, pero sí muy molesto. Enojado, eso es, hasta que vi de repente que Dios tenía en mente algo mucho mejor para mí.

En aquel entonces mi familia tenía un Pontiac Grand Prix de 1970. Desde luego, ese era un buen auto cuando estaba nuevo, pero al momento de esta historia, créame, ¡ya no era 1970! Nuestros vecinos sabían que estábamos llegando a casa diez minutos antes de que nos pudieran ver. Le estoy hablando de *ruido*; muchísimo ruido. Y tampoco era el silenciador; ese auto tenía muchos traqueteos y chirridos, al igual que algunos pequeños estallidos y explosiones que solo un mecánico podía tener la esperanza de identificar. Tenía un idioma de renqueos y jadeos, y operaba como por su propia voluntad.

Pero sin importar todo el trabajo que necesitaba el auto, y, le aseguro que necesitaba mucho, todos los meses le dábamos cincuenta dólares al Señor antes de comprar cualquier cosa, incluyendo el arreglo de nuestro único medio de transporte. Al momento teníamos un ingreso de trescientos cincuenta dólares, así que cincuenta dólares representaban algo más que el diezmo normal. Pero estábamos comprometidos a dar esa cantidad; habíamos hecho un pacto con Dios, el cual no podíamos romper por ninguna excusa.

Un domingo por la mañana cuando salimos para la iglesia, todo lo que yo tenía en mi bolsillo eran cincuenta dólares. Necesitábamos comestibles, pero esos cincuenta dólares eran el dinero de Dios, no el nuestro. Así que lo echamos en el ofertorio mientras susurrábamos una oración: *Así es, Señor, ¡estamos eligiendo confiar en ti!*

Unos pocos días más tarde estábamos en la carretera cuando comenzaron a salir nubes de humo negro del motor. De una forma u otra, pudimos orillarnos sin pegarle a ningún otro auto, apagamos el fuego y tuvimos que remolcar ese miserable auto al taller del mecánico. Tengo que decirle que cuando salimos del taller de reparación, yo estaba molesto con Dios.

Señor, ¡ni siquiera tenemos dinero para el autobús para llegar a casa! Acabamos de darte nuestros últimos cincuenta dólares el domingo. ¿Es justo esto?

La siguiente mañana temprano, sabiendo muy bien que nuestro seguro tenía un deducible de doscientos dólares, pedí a alguien que me llevara al taller de reparación para tratar de arreglar esta situación imposible. Créame, yo estaba muy desalentado. También era consciente de que tenía que tomar alguna decisión ese día, y no sabía qué hacer. Pero antes de tratar de hacer algo, tenía que saber cuál era el daño.

Imagínese mi sorpresa cuando entré por la puerta y vi mi auto en la estación de servicio, sin la cubierta del motor, con el motor medio desarmado, y varios mecánicos trabajando afanosamente poniendo piezas nuevas y arreglando todo. Aterrorizado, abordé al primer hombre que cruzó frente a mí con una carpeta.

«¡Ustedes no pueden estar haciendo eso! ¿Han hablado con mi compañía de seguros? Yo tengo un deducible de doscientos dólares, ¡y no lo puedo pagar!»

Él sonrió. «Es cierto, mi amigo, usted *tiene* un deducible de doscientos dólares, pero hablamos con ellos esta mañana, y nos dieron la autorización para seguir adelante y arreglar este coche. ¿Ha leído usted las letras pequeñas de su póliza?».

No me tomó mucho tiempo sacar mi póliza, y ahí estaba en blanco y negro: Sí, teníamos un deducible de doscientos dólares, *excepto por fuego*. Si el carro estallaba en llamas, todo el daño estaba cubierto.

Quiero decirle que tuvimos iglesia en el taller de reparación ese día.

LAS COSAS SIEMPRE SE PUEDEN PONER MÁS FEAS

Desde luego, esto le pudiera parecer loco al principio, pero pienso que José fue puesto en una situación muy similar a la mía. Los detalles eran diferentes, pero la dinámica era básicamente la misma: él estaba en una situación difícil que no fue por su culpa. Pero en lugar de enojarse por lo que parecía un martillo destructor contra su cabeza, José dijo algo como esto:

«Señor, si tú tenías que permitir lo que está sucediendo en mi vida para que pudieras ocasionar algo aun más grande, está bien. Yo no merezco esto, pero estoy dispuesto a poner mi vida en tus manos, ¡especialmente porque sé que tú debes estar planeando algo bueno!»

No sabemos con seguridad lo que José hizo en realidad, excepto que sirvió diligentemente y fue puesto a cargo de la prisión. Después de poco tiempo, tanto el copero como el panadero que habían sido echados en la cárcel con él tuvieron un sueño la misma noche. Y ambos necesitaban que alguien les dijera lo que sus sueños significaban. Esa persona era José, porque Dios le había dado la habilidad de interpretar sueños.

Para el panadero, las noticias eran malas; en tres días él sería ahorcado. Pero para el copero, las noticias eran todo lo opuesto. José le dijo que en tres días sería sacado de la cárcel y restaurado a su trabajo anterior.

Cuando él terminó la interpretación del copero, José añadió una pequeña súplica para sí mismo. «Acuérdese usted de mí, y por favor háblele de mí al faraón para que me saque de este lugar» (véase Génesis 40:14-15, DHH).

Fue una gran idea, pero… en su euforia por haber sido soltado y restituido, el copero se olvidó por completo de José. ¡Por años!

Para José, ¡la vida se estaba haciendo más fea! Él pensó que finalmente había encontrado una salida. Usted se encuentra un chico del barrio en la cárcel, y el chico recibe su libertad, ¡y entonces se olvida de los que conoció cuando estaba en la cárcel! ¿Qué tan injusto puede llegar a ser esto? ¿Puede imaginarse por lo que José debió haber pasado?

SUEÑOS EN EL ANTIGUO TESTAMENTO

Pero de nuevo, Dios no había terminado. El Señor estaba con José. Dos lentos y difíciles largos años más tarde, Faraón tuvo dos sueños diferentes la misma noche que lo atemorizaron mucho. Él no comprendía ninguno de los dos y necesitaba que alguien se los interpretara.

Entonces el copero principal recordó algo en su lejano pasado. «Ah sí, en la cárcel había un hombre llamado José. ¡Y él era *bueno* con los sueños! Yo no sé si usted quiere hablar con él, pero si lo saca, quizá él pudiera ayudar».

Faraón estuvo de acuerdo en sacar a José porque nadie de su propia gente podía descifrar nada de lo que él había soñado. Así que José fue y escuchó los sueños de Faraón. Faraón había visto siete vacas gordas devoradas por siete vacas flacas y siete espigas buenas que eran devoradas por siete espigas menudas.

A través de una revelación divina directamente de Dios, José le dijo a Faraón que sus dos sueños tenían el mismo significado: Egipto sería bendecido con siete años de abundancia seguidos de siete años de hambre.

Entonces José fue un paso más allá y le dijo a Faraón lo que debía hacer. «Nombre intendentes sobre el país y exija un quinto de la producción de Egipto en los siete años de abundancia y que los víveres sean una reserva para el país durante los siete años de hambre que ocurrirán en la tierra de Egipto, a fin de que el país no perezca durante el hambre» (véase Génesis 41:34-36).

¡Faraón estaba impresionado! «Puesto que Dios te ha hecho saber todo esto, no hay nadie tan prudente ni tan sabio como tú. Tú estarás sobre mi casa, y todo mi pueblo obedecerá tus órdenes; solamente en el trono yo seré mayor que tú» (vv. 39-40).

LA ASCENSIÓN

¡Es como ir del retrete a la Casa Blanca! En un período de alrededor de treinta minutos, José ascendió de estar en la posición número dos en una pequeña cárcel a estar en la posición número dos en todo Egipto. Y lo que Dios pudo hacer como resultado de ese ascenso inmediato tenía ramificaciones que todavía traen consecuencias hoy en día, casi cuatro mil años más tarde.

Primero, José se convirtió en el medio de salvación del hambre para Jacob y el resto de su familia, que eran el propio pueblo de Dios, proporcionándoles granos y manteniéndolos vivos durante los siete años de hambre.

Segundo, del humilde comienzo de José, Dios pudo entonces, por medio de Moisés y los otros líderes que le sucedieron, preservar la nación de Israel a través de todos los tiempos hasta el día de hoy.

Tercero, todo esto incluye ese pequeño viaje, a través del linaje de David a la cruz del Calvario y a la persona misma de Jesucristo.

Y todo porque José fue fiel al Dios de sus padres y, como resultado, fue honrado por el Señor.

Mientras tanto, allá en la tierra de Canaán, el padre de José y sus once hermanos (otro hermano nació después que José fue vendido como esclavo) finalmente comenzaron a pasar hambre a causa de la hambruna predicha por José. Pero se enteraron de que Egipto tenía grano. Y Jacob no tuvo otra opción que enviar a sus hijos a Egipto a comprar algo.

Los hermanos de José no se podían imaginar de quién estaban comprando grano cuando ellos llegaron. No habían visto a José en años, y para entonces él se había convertido en un hombre, quizá con una corona elegante y una barbilla afeitada. Pero José los reconoció tan pronto como los vio y, extrañamente, él estaba inundado de amor a pesar de lo que ellos le habían hecho hacía tantos años.

Pero él aún tenía una o dos preguntas que resolver. Antes que pudiera revelar quién era, tenía que saber qué clase de hombres eran ellos en ese momento. ¿Eran tan malos como siempre, o habían cambiado?

De la misma manera, Dios necesita saber qué clase de hombre o mujer es usted antes que lo pueda llevar al lugar para el cual lo ha creado. O al lugar que Él ha creado *para usted*.

¿PARA QUÉ LO CREÓ DIOS A USTED?

Algunas veces soy conocido como el predicador con una *gran* voz. No una boca grande, yo espero, ¡sino una voz grande! Cuando estoy en el púlpito y el Señor pone un mensaje en mi corazón, yo me emociono, y algunas veces esa emoción se muestra en mi presentación.

Pero mi voz, ya bien sea fuerte o débil, no fue siempre utilizable. Yo nací con un tartamudeo. No puedo decirle cuánto tiempo o qué tan duro tuve que trabajar para vencer ese problema. Yo sabía que Dios me había llamado a ser un ministro, a predicar el evangelio, y sabía que tenía que tener mi voz bajo algún tipo de control.

Hombre, ¡Dios lo hizo duro para mí! Muchas veces me pregunté si alguna vez podría decir siete palabras una tras otra. Creo que las personas a mi alrededor se lo preguntaron aun más. Pero de alguna manera siempre creí que Dios me dio esa dificultad que tenía que superar por una razón específica: Él me estaba probando, averiguando si yo haría el trabajo necesario para llegar al territorio que Él había dispuesto para mí. Él sabía que si me mantenía firme en eso, me mantendría firme más tarde, y estaba en lo correcto.

Como José, como yo, y como casi todo otro cristiano maduro que jamás he conocido, usted pudiera ser llamado a ser refinado a través de pruebas. Dios no le puede dar misiones de acero inoxidable a personas de hierro fundido.

Capítulo 6

NUNCA ES DEMASIADO TARDE PARA DIOS

UNA VEZ QUE JOSÉ PROBÓ A SUS HERMANOS y determinó que sus corazones en verdad habían cambiado, él se identificó ante ellos:

«Yo soy vuestro hermano José, a quien vosotros vendisteis a Egipto. Ahora pues, no os entristezcáis ni os pese por haberme vendido aquí; *pues para preservar vidas me envió Dios delante de vosotros.* Porque en estos dos años ha habido hambre en la tierra y todavía quedan otros cinco años

en los cuales no habrá ni siembra ni siega.
Y Dios me envió delante de vosotros para
preservaros un remanente en la tierra, y
para guardaros con vida mediante una
gran liberación». (Génesis 45:4-7, énfasis
añadido)

Añadí la letra cursiva para señalar lo que José
le estaba tratando de comunicar a sus hermanos.
Pero espere un minuto, diría usted. ¿Cómo podía
José decirles a sus hermanos que Dios lo *envió*? Él
fue vendido como esclavo. Potifar lo compró. Fue
acusado de violación. Fue puesto en la cárcel. El
copero se olvidó de él.

Esa es la interpretación humana. Permítame
decirle el asunto verdadero, como José mismo lo
pudiera haber expresado.

Lo importante no es que ustedes me
vendieron como esclavo. ¡Dios me envió
aquí antes que ustedes para salvar sus
vidas! Ustedes pensaron que se estaban
deshaciendo de mí, pero Dios estaba
organizando un plan, utilizando acontecimientos negativos y feos porque él
tenía un propósito que nadie podía haber
adivinado de antemano.

¡Él me hizo para este momento! Y ahora mi momento ha llegado.

NUNCA ES DEMASIADO TARDE PARA DIOS

El objetivo de toda esta historia de José y sus hermanos, al menos en lo que nos concierne a usted y a mí, está en Génesis 50:20 cuando José dice: «Vosotros pensasteis hacerme mal, pero Dios lo tornó en bien».

Si usted tiene fealdad en su vida, créame, no es el único. No le puedo decir cuántas personas me han dicho que su mamá no los trató bien, que su papá no los trató bien, que sus hermanos no los trataron bien, que su jefe no los trató bien. Y quizá así es con usted; quizá ha sido maltratado, engañado y despreciado toda su vida.

Pero a pesar de todo lo que haya sucedido, eso no significa que las acciones de alguien más en contra suya son el final de la historia. La mayoría del tiempo, Dios no envía a propósito acontecimientos feos a nuestra vida, pero cuando ocurren, tampoco se preocupa. La razón es sencilla: Él sabe que en algún momento en el camino podrá utilizar todas esas cosas feas para llevar un enfoque a su vida y enderezar su camino.

¡Nunca es demasiado tarde para Dios!

Y cuando Él cambia toda su fealdad, usted estará capacitado para ir y salvar la vida de alguien más que ha sido maltratado y destruido y que ha sufrido mucho. Eso es exactamente lo que hizo José, eso es exactamente lo que hizo la señora que había sido abusada, y eso es exactamente lo que puede hacer usted.

VÉALO COMO DIOS LO VE

Muchas veces ayuda si, desde un principio, usted puede aprender a ver su dolor como Dios lo ve. No diga: «¡Eso no es justo!». Diga: «Dios, puesto que no es justo, y no es justo, ¿qué vas a hacer para ayudarme a cambiar esta situación? Yo te concedo el derecho de tomar mi fealdad ¡y usarla para tu gloria!».

Si usted comienza con esa actitud, llegará a un lugar completamente diferente.

Permítame darle una imagen diferente para llegar a la misma conclusión. ¿Ha estado alguna vez en un *genuino* restaurante de pizza? No estoy hablando de la clase de lugar donde todo está medido y envuelto de antemano y todo el proceso es dividido en una serie de pasos sencillos e infalibles. Esos lugares de pizza pueden entrenar a un niño de trece años de edad que nunca en su vida ha escuchado la palabra *amasar* para hacer lo que ellos llaman la «pizza perfecta» todo el tiempo.

No, estoy hablando de un verdadero restaurante de pizza, la clase de lugar donde toman una bola de masa, la estampan sobre una mesa y le dan vueltas una y otra vez. ¿Sabe lo que estoy diciendo? Ellos le pegan a ese pedazo de masa, la tuercen. Ese pedazo de masa pasa a través de mucho sufrimiento antes de que lo estiren con un rodillo.

¿Sabe algo? Porque los ingredientes buenos, y estoy hablando ahora de la salsa y las anchoas (bueno quizá le quitamos las anchoas) y el salchichón y el chorizo, las cosas buenas, tienen que tener algo fuerte donde poder colocarlas. Así que toman esa masa y la brutalizan, le pegan, la voltean, la tuercen, la manotean y le pegan más. Y por último, la rotan y la hacen lo suficientemente grande para sostener todas las cosas buenas que ellos planean ponerle encima.

Piense que usted es esa masa de pizza y Dios es la persona que está trabajando esa masa. Dios tiene algunas cosas buenas que quiere poner en usted, pero antes que pueda darle todas esas cosas buenas, tiene que comenzar con usted como una bola de masa. Él tiene que voltearlo y pegarle, torcerlo y rotarlo para que cuando llegue el momento para las cosas buenas, haya algo sobre lo cual ponerlas, algo suficientemente fuerte que pueda *sostener* todas esas cosas buenas.

Dios tiene un propósito para usted, pero quiere amasarlo para que llegue al lugar donde las cosas buenas se puedan poner sobre usted, para que toda persona que lo vea siguiendo Su propósito diga: «Sí, eso es bueno. ¡Eso es verdadero!».

Eso es lo que Dios tiene preparado para usted.

Capítulo 7

«YO TENGO UN PLAN PARA USTED»

DIOS TIENE UN PLAN PARA SU VIDA. ¿Entiende eso? Todo en su vida es parte de Su plan perfecto para usted.

Primero, usted fue creado para un propósito específico por un Dios amoroso que lo conocía desde antes de nacer. Por lo tanto, no importa dónde puede estar usted en este momento, si todavía no ha encontrado el propósito de Dios para su vida, necesita interrumpir lo que está haciendo y comenzar a buscar.

Segundo, sin importar cuántas cosas buenas, malas, o feas le han ocurrido, Dios aún puede cambiar la dirección de su vida para reflejar su gloria. Y no hay nada en su pasado, o en su presente, que Él no pueda utilizar.

Tercero, aunque pudiera estar nublado afuera, y aunque usted pudiera no estar muy claro acerca de dónde Dios lo quiere, está bien. Quizá usted se desvió por un año, quizá por una o dos décadas. Pero está bien. Si no es por otra cosa, la historia de José le debiera decir que cierta cantidad de agitación es completamente normal. Cuando llegamos a este mundo, pataleando y gritando, muy pocos de nosotros sabemos exactamente lo que debemos hacer cuando crezcamos.

Está bien; comience donde usted esté, ahora mismo.

UN SENTIDO DE ESPERANZA

Más que nada, a medida que Dios lo pone de nuevo en el camino correcto, Él quiere darle un sentido de esperanza. Solo la esperanza que viene de Dios lo sostendrá mientras usted sigue adelante en la vida. Para utilizar una palabra elegante, la esperanza que viene de Dios es lo que yo llamo un *prerrequisito*, lo que significa que usted no va a ningún lugar sin ella.

He hablado con varias personas que, en lugar de eso, están viviendo con un sentido de desesperanza. «¿Voy a llegar alguna vez a donde debo estar?» «¿Voy alguna vez a entenderlo correctamente?» «¿Va a funcionar la vida alguna vez para mí?» La mayoría de esas personas han perdido cualquier esperanza que tenían. Un niño pequeño dijo: «La esperanza es desear algo que usted sabe que nunca va a obtener», y eso es lo que muchas personas sienten.

Para tener una mejor idea de dónde viene la esperanza, veamos otro versículo. Dios le dio este versículo al profeta Jeremías a fin de animar a los israelitas mientras iban a la cautividad en Babilonia, muchos años después que José salvó a su nación allá en Egipto. Y yo creo que este versículo debería alentarlo a medida que usted sigue adelante en su propia peregrinación.

«Porque yo sé los planes que tengo para vosotros», declara el Señor, «planes de bienestar y no de calamidad, para daros un futuro y una esperanza». (Jeremías 29:11)

Yo puedo escuchar a algunos de ustedes decir: «Bueno, me alegro que alguien conoce esos planes, ¡porque yo no los conozco en lo absoluto!».

Pero escuche lo que el Señor está declarando: «Permítame decirle esto», dice Él, «los planes que yo tengo para usted no son para mal, ¡son para bien! Yo le daré un futuro, un mañana, y una esperanza».

¿Ha visto alguna vez a personas que han perdido la esperanza? Yo sí las he visto. Las personas pierden la esperanza porque no ven un futuro. Ayer fue sombrío… hoy es sombrío… y mañana no parece nada mejor. El informe del tiempo para su vida dice: «No hay luz del sol. Cien por ciento de probabilidad de tormentas». No hay nada allá afuera designado para usted, nada bueno, nada que tenga que ver con propósito, llamado, o destino. Está oscuro, y el sol no se encuentra por ninguna parte.

UN GRAN VERSÍCULO, UN CAPÍTULO NO TAN BUENO

Pero vea algo más. Jeremías 29:11, que habla del *buen* plan de Dios para los israelitas, se encuentra en un capítulo más bien malo. Este no es un gran versículo en un gran capítulo; es un gran versículo en un capítulo no tan bueno. Así que si a usted le está yendo mal en la vida, ¡este versículo es para usted!

Israel estaba en cautividad en Babilonia: «Así dice el SEÑOR de los ejércitos, el Dios de Israel, a todos los desterrados que envié al destierro de Jerusalén a Babilonia» (v. 4). El versículo 11 fue escrito para personas que habían sido enviadas al exilio en juicio por rebelarse contra Dios. Ellas estaban bajo la mano disciplinaria de Dios por sus pecados. Estaban siendo azotadas, pudiéramos decir. Y para hacerlo peor, el lugar donde las tenían cautivas era lo más pagano posible. Babilonia no era donde los cristianos iban. Este era un abismo pagano: maldito, idólatra, y un lugar terrible para vivir, especialmente si usted era un israelita.

Además de todo eso, la Biblia dice que los propios profetas de los israelitas los estaban llevando por mal camino. Les estaban dando a otras personas esperanzas falsas en el nombre de Dios. «Vengan aquí; den su diezmo; háganse ricos: Ustedes están sirviendo a Dios. Ustedes no se van a enfermar».

Esa es una profecía falsa. No es cierta; nunca lo ha sido, nunca lo será.

Por supuesto, Dios sana y bendice. Pero darle a la gente la impresión que servir a Dios significa el fin de todos los problemas, bueno, eso es una mentira. Los israelitas estaban en una situación desesperada, en circunstancias negativas, bajo disciplina divina, en una tierra pagana. Y para hacerlo aun peor, ellos estaban siendo llevados por mal camino por las mismas personas en las que ellos deberían haber podido confiar más, los profetas.

Pero en medio de esta desesperanza y desilusión, aquí viene el versículo 11: Si usted está buscando esperanza, si está cansado de andar sin dirección, vagando y caminando sin rumbo, este versículo le da la respuesta. Porque Dios nos ve en nuestro estado deprimente y dice: «Yo todavía tengo un plan. Esto no ha terminado. Yo todavía tengo un propósito divino para sus vidas».

¿PUEDO SABER?

Pero, ¿cómo puede en el presente, en este preciso momento, ya sea que se encuentre de pie, sentado, o caminando mientras lee estas palabras, *cómo puede saber francamente que Dios todavía tiene un plan para usted?*

La respuesta es muy sencilla: ¡Usted todavía está vivo! Dios tiene un plan para todas y cada una de las personas que Él creó, un plan que nunca está fuera de tiempo. Usted ha visto la leche en el supermercado, cuando ha estado en los estantes unos días después de su fecha de caducidad. Bueno, usted puede estar seguro que los planes de Dios no tienen fecha de caducidad.

Aun si ha dejado pasar completamente el plan de Dios por años y años, ese plan todavía puede ponerse en acción al momento en que usted esté listo para avanzar e involucrarse, con Dios a su lado. Su plan puede ser parcialmente modificado de lo que hubiera sido hace veinte años, si usted hubiera prestado atención en aquel entonces, pero eso no es gran cosa. Dios puede adaptarse para arreglar cualquier cosa que suceda en la vida de toda persona.

Así que hablemos de «avanzar e involucrarse», lo cual le animo a hacer en tres pasos separados.

1. *Avance en fe.*

¿Ha visto alguna vez a un ciego con un perro guía? Eso es caminar por fe. Una persona que es ciega no puede ver la vereda frente a sus pies. No puede ver la diferencia entre un escalón de quince centímetros y un abismo de veinte metros. Él pudiera saber adónde quiere ir, ¡pero sus ojos no le dirán cuando llegue allí!

Sin embargo, ese hombre cree en algo. Él cree que lo que su perro ve será transmitido en alguna clase de señal confiable que le dirá si debe moverse adelante, detenerse, voltear a la derecha, o voltear a la izquierda. Y él reconocerá esas señales manteniéndose conectado al perro.

Es un caminar por fe. Si una persona ciega tuviera que depender totalmente de sus propios

ojos, no podría notar la diferencia entre un
árbol lleno de hojas y una hoja llena de árboles
dibujados.

Así que, ¿por qué confía en un perro?

Porque ese perro tiene algo que él no tiene.

Y es lo mismo con usted y Dios. Yo sé que
pudiera parecer oscuro al momento. Yo sé
que pudiera no estar claro adónde Dios lo está
llevando. Pudiera aun estar totalmente oscuro
afuera, tan tenebroso que no puede ver su mano
delante de su rostro.

¿Por qué él le hace esperar tanto en una
esquina? Quizá hay algo de tráfico que viene en
dirección a usted. ¿Por qué parece que lo mantiene
atascado, retrasado, obstaculizado? Yo no sé por
qué, pero sí sé lo que Él dijo. Dios tiene los ojos
de la eternidad que usted y yo no tenemos. «"Yo
sé los planes que tengo para vosotros". Yo sé que
no conozco todos los detalles. Yo sé que no está
totalmente desarrollado, y yo sé que las cosas
pueden venir sobre usted tan rápidamente que
usted quiere esquivarlas».

Pero Dios todavía dice: «Yo tengo un plan,
y yo sé cómo funciona». Y mejor que eso:
«Mis planes son para su bienestar y no para su
calamidad». Él dice que sus planes involucran
un futuro, involucran el mañana de usted, y
contienen esperanza para usted.

Dios tiene su mañana cubierto aunque usted no haya llegado allá todavía. Dios obra fuera del marco del tiempo, así que a Él no lo detienen las limitaciones con las cuales usted y yo laboramos. Él ya ha verificado el mañana, y ha regresado para decirle que Él también tiene el plan verificado.

«Yo sé que está oscuro, pero no se retire. Yo tengo un futuro para usted», dice Él.

Es por eso que, al igual que el hombre ciego y su perro guía, usted necesita permanecer y mantenerse conectado. Tenga fe. De esa manera cuando Dios se mueva, usted lo sabrá.

Permítame darle un ejemplo más antes de movernos al segundo paso. Yo vuelo a menudo de Dallas a varias ciudades alrededor del país. Durante esos viajes una serie de factores tienen que coincidir:

1. Tengo que identificar un itinerario de vuelo que me lleve al lugar a donde quiero ir.

2. El avión tiene que operar en un horario que me dice cuándo sale y cuándo llega, y el piloto tiene que tener una ruta toda planeada de antemano.

3. La aerolínea tiene que establecer un precio que yo pueda pagar.

Una vez que he encontrado un vuelo con la combinación de esos tres factores, la aerolínea pone mi nombre en una computadora, y todo está listo para proceder. Ahora permítame explicarle lo que no voy a hacer cuando llegue al aeropuerto.

- No voy a pedirles que me expliquen cómo funciona el avión. No voy a preguntarles qué botones ellos planean apretar y lo que el equipo hará cuando ellos aprietan cada botón.
- Tampoco voy a verificar la ruta que ellos planean tomar. No me importa si van por aquí o por allá, y no voy a discutir con ellos acerca de la altitud a la que vuela el avión antes que lo ponga en piloto automático.
- Y no voy a discutir acerca del precio después que ya he hecho mi reservación y pagado mi dinero.

Contrario a todas esas cosas que yo *pudiera* hacer, sencillamente voy a dar por sentado que la aerolínea que estoy tomando ha contratado personal con todo el conocimiento y la experiencia que ellos necesitan para que yo pueda encontrar mi asiento y descansar hasta que llegue a donde voy.

Si el avión encuentra un *bache* durante el vuelo, no me voy a preocupar, porque he abordado ese avión con ciertas suposiciones básicas. Confiaré en que ellos saben cómo hacer lo que prometieron que harían, llevarme a salvo a donde prometieron llevarme.

¿Cuánto más deberíamos confiar en Dios cuando él hace promesas acerca de adónde nos quiere llevar?

2. *Aléjese de sus errores.*

Las historias de Pablo, Pedro y José deben decirle todo lo que necesita saber acerca de cometer errores, por lo que a Dios y a sus propósitos para usted se refieren. Las vidas de todos esos hombres estuvieron llenas de errores de una manera u otra, con cosas malas y cosas feas.

Pero Dios pudo tomar cada una de ellas y voltearlas para bien.

Cuando mi esposa y yo estábamos comenzando nuestro matrimonio, cuando nuestros hijos estaban pequeños y yo todavía estaba estudiando, cuidábamos de no malgastar nuestro dinero como algunos de ustedes están haciendo ahora. Es más, cuidar de no malgastar nuestro dinero es algo que nunca hemos dejado de hacer.

Una manera en que hacíamos eso era siendo cuidadosos con nuestro presupuesto para la comida. Eso significaba que algunas veces veíamos el mismo platillo más de una vez, aunque a causa del increíble talento que mi esposa tiene en la cocina, no siempre parecía igual. Pudiera aparecer como puré de papas y arvejas el lunes y como un pastel de vegetales el jueves.

Por otra parte, podía regresar uno o dos días más tarde como algo que nadie, excepto mi esposa, podría jamás reconocer. Ella lo cortaba, lo trituraba, lo mezclaba con queso, le ponía crema de champiñones encima, lo adornaba con algo de perejil, lo ponía en una bandeja elegante, o le daba un nombre que sonaba a francés, ¡y pensábamos que teníamos algo nuevo!

Esas comidas venían de las manos de una experta, pero lo que en realidad teníamos eran sobras. Y si usted insistía en verlo como los sobrantes de otro día, se condenaba a sí mismo a una comida sin disfrutarla, una comida sin promesa o aventura, una comida sin esperanza que pudiera jamás haber algo mejor de lo que ya había conocido.

Pero si usted viera lo que nuestra experta cocinera creaba como un platillo especial totalmente nuevo, tendría una experiencia diferente por completo.

Dios algunas veces obra de la misma manera en su vida. Si le lleva a Él lo que le sobra, ya bien sea bueno, malo, o feo, Él lo puede cortar, triturar, ponerle crema del Espíritu Santo encima, y convertirlo en algo que nunca hubiera pensado que fuera posible.

Usted solo necesita distanciarse, entregárselo a él, y permitirle que él haga su obra. De la misma manera, yo no estaba rondando cuando mi esposa estaba inventando mi comida de nuevo. Yo sabía que todo saldría mejor si yo no intervenía.

No le estoy pidiendo que no intervenga en lo absoluto en su propia vida, sino le estoy pidiendo que se distancie lo suficiente para permitirle a Dios obrar sin impedimento. Y al igual que el hombre ciego que mencionamos anteriormente, usted sabrá cuándo es el momento preciso de comenzar a moverse de nuevo.

3. *Involúcrese en la promesa de Dios.*

Cuando Dios les dijo a los israelitas en Jeremías 29 que tenía un plan para ellos, Él les dio esperanza. Pero la esperanza no hace mucho en un vacío. Necesita un ambiente que la nutra. Él no les dio permiso para tomar esa esperanza y entonces sentarse y no hacer nada.

Por el contrario, les dijo exactamente lo que Él quería que hicieran mientras estaba resolviendo algunos de los detalles para su futuro.

«Edificad casas y habitadlas, plantad huertos y comed su fruto. Tomad mujeres y engendrad hijos e hijas, tomad mujeres para vuestros hijos y dad vuestras hijas a maridos para que den a luz hijos e hijas, y multiplicaos allí y no disminuyáis. Y buscad el bienestar de la ciudad a donde os he desterrado, y rogad al Señor por ella; porque en su bienestar tendréis bienestar». (vv. 5-7)

En otras palabras, ¡continúen con sus vidas!

Usted necesita hacer lo mismo. Mientras está esperando por Dios para que cambie las cosas, aproveche el momento. Él pudiera no hacerlo todo en un día, así que construya casas y viva en ellas. Siembre huertos y coma lo que cultiva; vuélvase tan productivo como sea posible. No se siente sin hacer nada. Haga todo lo que tiene a la mano hacer; maximice su potencial.

Muchos de nosotros, mientras esperamos por Dios, pensamos que no podemos hacer nada cuando hay mucho que hacer.

Vaya al principio de este libro. «Maximizar su potencial» es exactamente de lo que estábamos hablando cuando mencionamos educación, entrenamiento y desarrollar un currículum vítae.

El apóstol Pablo fue a la escuela cuando era joven y maximizó su potencial. Él no se convirtió en un erudito por accidente. Pedro maximizó su potencial de una manera completamente diferente, aprendiendo de su fracaso. Y José maximizó su potencial una y otra vez, confiando en Dios y permitiéndole a Él convertir en algo bueno todas las cosas feas que le habían ocurrido.

Dios hizo todo el trabajo detrás del telón reconciliando todas las cosas, y todas las personas, en el momento apropiado, pero José tuvo que prepararse mientras seguía adelante. Él tuvo que aprender cómo supervisar la casa de su amo, cómo escuchar la voz del Señor y cómo administrar la economía de todo un país.

Más importante, Pablo, Pedro y José tuvieron que aprender cómo confiar en el Señor, cómo *trabajar dentro de su plan para sus vidas a fin de alcanzar lo que Él tenía en mente para ellos.* Y finalmente, mientras esperaban en Él, ellos aprendieron muchísimo haciendo las mismas cosas que el Señor les dijo a los israelitas que hicieran.

CONVIÉRTASE PRIMERO EN UNA BENDICIÓN

Busque el bienestar de otros. Descubra cómo usted puede ser una bendición. Ore por la ciudad en la que vive ahora mismo y por su pueblo, porque el bienestar de ellos es el de usted.

Esta es una de las claves fundamentales. A medida que usted *se vuelve una bendición*, se coloca en una posición para *ser bendecido*. Una de las razones por las que perdemos la esperanza es debido a que nos preocupamos por una persona solamente… y adivine quién es a menudo esa persona.

Si ha cometido errores y la única persona que ve es usted mismo, entonces está ayudando a hacerse daño. Pero Dios nos dice que busquemos el bienestar de otros y nos volvamos una bendición. Él dice: «Mientras está esperando por mí haga algo por usted mismo, haga algo bueno por otros».

Eso es lo que Pablo quería decir cuando citó a Jesús diciendo: «Más bienaventurado es dar que recibir» (Hechos 20:35). Ya que bendiciendo a otros, usted abre literalmente un canal para que Dios venga a través de él cuando lo bendiga. Eso es a lo que Dios se refiere un poco más adelante en Jeremías 29 cuando dice:

> «Me invocaréis, y vendréis a rogarme, y yo os escucharé. Me buscaréis y me encontraréis, cuando me busquéis de todo corazón. Me dejaré hallar de vosotros», declara el

Señor, «y restauraré vuestro bienestar y os
reuniré de todas las naciones y de todos
los lugares adonde os expulsé», declara el
Señor, «y os traeré de nuevo al lugar de
donde os envié al destierro». (vv. 12-14)

Por desdicha, la mayoría de nosotros no lee el
versículo 13 como está escrito. En lugar de eso,
lo leemos: «Cuando usted busque la solución, en-
contrará la solución». Pero no dice así. Dice: «Me
buscaréis [*a Mí*] y me encontraréis [*a Mí*], cuando
me busquéis [*a Mí*] de todo corazón».

Esa es la respuesta fundamental para todos
nosotros. Pablo confirma esto en Romanos 8:28:

Y sabemos que para los que aman a Dios,
todas las cosas cooperan para bien, esto es,
para los que son llamados conforme a su
propósito.

Dios dice: «Yo tengo los planes. No vayan a
buscar el plan; búsquenme a mí. Yo sé dónde los
puse. Si ustedes me encuentran, encontrarán los
planes. Si quiere conocer su llamado, encuéntreme
a mí. Yo lo conozco. Si quiere encontrar su pareja,
encuéntreme a mí primero. Yo sé dónde está».

En Cristo «están escondidos todos los tesoros
de la sabiduría y del conocimiento» (Colosenses
2:3). ¿Cómo podemos buscar en otro lugar?

LO QUE DIOS INICIA, DIOS LO TERMINA

Finalmente, yo sé que muchos de ustedes desearían poder volver el tiempo hacia atrás y vivir partes de sus vidas de nuevo. Yo sé que usted siente que ha estado en el juego demasiado tiempo y no sabe cuánto más va a tomar sacar algo significativo de su vida.

Pero de todos modos, a pesar de todas sus preguntas, Dios tiene un plan para usted. Él sabe lo que es, Él le garantiza que es un buen plan, y le ofrece un futuro y una esperanza. Dios lo está invitando a participar con Él en el drama de todos los tiempos.

- Si no sabe en qué dirección ir… búsquelo a Él.
- Si está sufriendo… búsquelo a Él.
- Si está confuso… búsquelo a Él.
- Si está cansado de esperar… búsquelo a Él.

Si viene a Dallas y me pregunta qué hacer con su vida, lo voy a enviar de regreso a casa y directamente a Él. Porque Dios no me ha dicho a mí su plan para usted. ¡Él es el único que sabe! Lo que Dios inicia, Dios lo termina. Pero usted dice: «Yo estoy en un lío; es el lío más grande que nadie jamás ha hecho. ¡Usted no conoce mi lío!».

Solo hay una respuesta para eso.

Usted no conoce a mi Dios.

En conclusión…

Si usted no tiene una relación personal con Dios que llena su corazón con esperanza, sin importar cuáles sean sus circunstancias, le animo a que se acerque a Él ahora mismo. Dondequiera que esté, cualquier cosa que esté haciendo, enfoque su corazón y su mente en Jesucristo y ore esta sencilla oración:

> *Querido Señor Jesús, yo creo que tú eres el Hijo de Dios y el único camino a Dios. Creo que tú moriste en la cruz por mis pecados y resucitaste para que yo pudiera ser perdonado y recibiera vida eterna. Confieso ante ti que soy un pecador y no retengo nada. Me arrepiento de mis pecados. Acepto tu sacrificio por mí y vengo a ti por tu misericordia, tu perdón y el regalo de la vida eterna.*
>
> *También te pido que tomes control de mi nueva vida y la dirijas hacia el mañana. Te pido que traigas esperanza de nuevo a mi vida, sabiendo que tú tienes un plan especial para mí. Te pido que guíes mis pasos de hoy en adelante.*
>
> *¡Gracias! Amén.*

NOTAS

 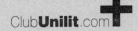

EL FUEGO QUE NOS IMPULSA